2021

Published by Danilo Promotions Ltd. EN9 1AS, England. Printed in China.

Contact Danilo for a full listing of our complete range of Calendars, Diaries and Greeting Cards or find us at:
www.danilo.com   /DaniloCalendarsUK   @CalendarsUK or email us at: sales@danilo.com

While every effort is made to ensure that the information included in this diary is correct, Danilo Promotions Ltd. cannot be held responsible for errors and omissions. The Banking and Financial Dealings Act, 1971, allows the Government to alter dates at short notice.

© 2020 The David Bowie Archive ® Under license to Perryscope Productions LLC/Epic Rights.

FSC
www.fsc.org
MIX
Board from responsible sources
FSC® C010609

Personal Information

Name

Address

Mobile

Email

In case of emergency please contact

Name

Address

Mobile

Doctor

Doctor Telephone

Known Allergies

2020

JANUARY

WK	M	T	W	T	F	S	S
1			1	2	3	4	5
2	6	7	8	9	10	11	12
3	13	14	15	16	17	18	19
4	20	21	22	23	24	25	26
5	27	28	29	30	31		

FEBRUARY

WK	M	T	W	T	F	S	S
5						1	2
6	3	4	5	6	7	8	9
7	10	11	12	13	14	15	16
8	17	18	19	20	21	22	23
9	24	25	26	27	28	29	

MARCH

WK	M	T	W	T	F	S	S
9							1
10	2	3	4	5	6	7	8
11	9	10	11	12	13	14	15
12	16	17	18	19	20	21	22
13	23	24	25	26	27	28	29
14	30	31					

APRIL

WK	M	T	W	T	F	S	S
14			1	2	3	4	5
15	6	7	8	9	10	11	12
16	13	14	15	16	17	18	19
17	20	21	22	23	24	25	26
18	27	28	29	30			

MAY

WK	M	T	W	T	F	S	S
18					1	2	3
19	4	5	6	7	8	9	10
20	11	12	13	14	15	16	17
21	18	19	20	21	22	23	24
22	25	26	27	28	29	30	31

JUNE

WK	M	T	W	T	F	S	S
23	1	2	3	4	5	6	7
24	8	9	10	11	12	13	14
25	15	16	17	18	19	20	21
26	22	23	24	25	26	27	28
27	29	30					

JULY

WK	M	T	W	T	F	S	S
27			1	2	3	4	5
28	6	7	8	9	10	11	12
29	13	14	15	16	17	18	19
30	20	21	22	23	24	25	26
31	27	28	29	30	31		

AUGUST

WK	M	T	W	T	F	S	S
31						1	2
32	3	4	5	6	7	8	9
33	10	11	12	13	14	15	16
34	17	18	19	20	21	22	23
35	24	25	26	27	28	29	30
36	31						

SEPTEMBER

WK	M	T	W	T	F	S	S
36		1	2	3	4	5	6
37	7	8	9	10	11	12	13
38	14	15	16	17	18	19	20
39	21	22	23	24	25	26	27
40	28	29	30				

OCTOBER

WK	M	T	W	T	F	S	S
40				1	2	3	4
41	5	6	7	8	9	10	11
42	12	13	14	15	16	17	18
43	19	20	21	22	23	24	25
44	26	27	28	29	30	31	

NOVEMBER

WK	M	T	W	T	F	S	S
44							1
45	2	3	4	5	6	7	8
46	9	10	11	12	13	14	15
47	16	17	18	19	20	21	22
48	23	24	25	26	27	28	29
49	30						

DECEMBER

WK	M	T	W	T	F	S	S
49		1	2	3	4	5	6
50	7	8	9	10	11	12	13
51	14	15	16	17	18	19	20
52	21	22	23	24	25	26	27
53	28	29	30	31			

2021

JANUARY

WK	M	T	W	T	F	S	S
53					1	2	3
1	4	5	6	7	8	9	10
2	11	12	13	14	15	16	17
3	18	19	20	21	22	23	24
4	25	26	27	28	29	30	31

FEBRUARY

WK	M	T	W	T	F	S	S
5	1	2	3	4	5	6	7
6	8	9	10	11	12	13	14
7	15	16	17	18	19	20	21
8	22	23	24	25	26	27	28

MARCH

WK	M	T	W	T	F	S	S
9	1	2	3	4	5	6	7
10	8	9	10	11	12	13	14
11	15	16	17	18	19	20	21
12	22	23	24	25	26	27	28
13	29	30	31				

APRIL

WK	M	T	W	T	F	S	S
13				1	2	3	4
14	5	6	7	8	9	10	11
15	12	13	14	15	16	17	18
16	19	20	21	22	23	24	25
17	26	27	28	29	30		

MAY

WK	M	T	W	T	F	S	S
17						1	2
18	3	4	5	6	7	8	9
19	10	11	12	13	14	15	16
20	17	18	19	20	21	22	23
21	24	25	26	27	28	29	30
22	31						

JUNE

WK	M	T	W	T	F	S	S
22		1	2	3	4	5	6
23	7	8	9	10	11	12	13
24	14	15	16	17	18	19	20
25	21	22	23	24	25	26	27
26	28	29	30				

JULY

WK	M	T	W	T	F	S	S
26				1	2	3	4
27	5	6	7	8	9	10	11
28	12	13	14	15	16	17	18
29	19	20	21	22	23	24	25
30	26	27	28	29	30	31	

AUGUST

WK	M	T	W	T	F	S	S
30							1
31	2	3	4	5	6	7	8
32	9	10	11	12	13	14	15
33	16	17	18	19	20	21	22
34	23	24	25	26	27	28	29
35	30	31					

SEPTEMBER

WK	M	T	W	T	F	S	S
35			1	2	3	4	5
36	6	7	8	9	10	11	12
37	13	14	15	16	17	18	19
38	20	21	22	23	24	25	26
39	27	28	29	30			

OCTOBER

WK	M	T	W	T	F	S	S
39					1	2	3
40	4	5	6	7	8	9	10
41	11	12	13	14	15	16	17
42	18	19	20	21	22	23	24
43	25	26	27	28	29	30	31

NOVEMBER

WK	M	T	W	T	F	S	S
44	1	2	3	4	5	6	7
45	8	9	10	11	12	13	14
46	15	16	17	18	19	20	21
47	22	23	24	25	26	27	28
48	29	30					

DECEMBER

WK	M	T	W	T	F	S	S
48			1	2	3	4	5
49	6	7	8	9	10	11	12
50	13	14	15	16	17	18	19
51	20	21	22	23	24	25	26
52	27	28	29	30	31		

2022

JANUARY

WK	M	T	W	T	F	S	S
52						1	2
1	3	4	5	6	7	8	9
2	10	11	12	13	14	15	16
3	17	18	19	20	21	22	23
4	24	25	26	27	28	29	30
5	31						

FEBRUARY

WK	M	T	W	T	F	S	S
5		1	2	3	4	5	6
6	7	8	9	10	11	12	13
7	14	15	16	17	18	19	20
8	21	22	23	24	25	26	27
9	28						

MARCH

WK	M	T	W	T	F	S	S
9		1	2	3	4	5	6
10	7	8	9	10	11	12	13
11	14	15	16	17	18	19	20
12	21	22	23	24	25	26	27
13	28	29	30	31			

APRIL

WK	M	T	W	T	F	S	S
13					1	2	3
14	4	5	6	7	8	9	10
15	11	12	13	14	15	16	17
16	18	19	20	21	22	23	24
17	25	26	27	28	29	30	

MAY

WK	M	T	W	T	F	S	S
17							1
18	2	3	4	5	6	7	8
19	9	10	11	12	13	14	15
20	16	17	18	19	20	21	22
21	23	24	25	26	27	28	29
22	30	31					

JUNE

WK	M	T	W	T	F	S	S
22			1	2	3	4	5
23	6	7	8	9	10	11	12
24	13	14	15	16	17	18	19
25	20	21	22	23	24	25	26
26	27	28	29	30			

JULY

WK	M	T	W	T	F	S	S
26					1	2	3
27	4	5	6	7	8	9	10
28	11	12	13	14	15	16	17
29	18	19	20	21	22	23	24
30	25	26	27	28	29	30	31

AUGUST

WK	M	T	W	T	F	S	S
31	1	2	3	4	5	6	7
32	8	9	10	11	12	13	14
33	15	16	17	18	19	20	21
34	22	23	24	25	26	27	28
35	29	30	31				

SEPTEMBER

WK	M	T	W	T	F	S	S
35				1	2	3	4
36	5	6	7	8	9	10	11
37	12	13	14	15	16	17	18
38	19	20	21	22	23	24	25
39	26	27	28	29	30		

OCTOBER

WK	M	T	W	T	F	S	S
39						1	2
40	3	4	5	6	7	8	9
41	10	11	12	13	14	15	16
42	17	18	19	20	21	22	23
43	24	25	26	27	28	29	30
44	31						

NOVEMBER

WK	M	T	W	T	F	S	S
44		1	2	3	4	5	6
45	7	8	9	10	11	12	13
46	14	15	16	17	18	19	20
47	21	22	23	24	25	26	27
48	28	29	30				

DECEMBER

WK	M	T	W	T	F	S	S
48				1	2	3	4
49	5	6	7	8	9	10	11
50	12	13	14	15	16	17	18
51	19	20	21	22	23	24	25
52	26	27	28	29	30	31	

Notable Dates

2021

New Year's Day	Jan 1
Bank Holiday (Scotland)	Jan 4
David Bowie's Birthday	Jan 8
Chinese New Year (Ox)	Feb 12
St. Valentine's Day	Feb 14
Shrove Tuesday	Feb 16
St. David's Day (Wales)	Mar 1
World Book Day	Mar 4
Mothering Sunday	Mar 14
St. Patrick's Day	Mar 17
Passover Begins	Mar 28
Daylight Saving Time Starts	Mar 28
Good Friday (UK)	Apr 2
Easter Sunday	Apr 4
Easter Monday	Apr 5
Ramadan Starts	Apr 13
St. George's Day	Apr 23
Early May Bank Holiday	May 3
Spring Bank Holiday	May 31
Father's Day	Jun 20
Battle of the Boyne (Northern Ireland)	Jul 12
Summer Bank Holiday (Scotland)	Aug 2
Islamic New Year	Aug 10
Summer Bank Holiday (ENG, NIR, WAL)	Aug 30
Rosh Hashanah (Jewish New Year) Begins	Sep 6
Yom Kippur (Day of Atonement) Begins	Sep 15
The United Nations International Day of Peace	Sep 21
World Mental Health Day	Oct 10
Daylight Saving Time Ends	Oct 31
Halloween	Oct 31
Diwali	Nov 4
Guy Fawkes Night	Nov 5
Remembrance Sunday	Nov 14
St. Andrew's Day (Scotland)	Nov 30
Christmas Day	Dec 25
Boxing Day	Dec 26
Bank Holiday	Dec 27
Bank Holiday	Dec 28
New Year's Eve	Dec 31

PLANNER 2021

JANUARY	FEBRUARY	MARCH
1 F	1 M	1 M
2 S	2 T	2 T
3 S	3 W	3 W
4 M	4 T	4 T
5 T	5 F	5 F
6 W	6 S	6 S
7 T	7 S	7 S
8 F	8 M	8 M
9 S	9 T	9 T
10 S	10 W	10 W
11 M	11 T	11 T
12 T	12 F	12 F
13 W	13 S	13 S
14 T	14 S	14 S
15 F	15 M	15 M
16 S	16 T	16 T
17 S	17 W	17 W
18 M	18 T	18 T
19 T	19 F	19 F
20 W	20 S	20 S
21 T	21 S	21 S
22 F	22 M	22 M
23 S	23 T	23 T
24 S	24 W	24 W
25 M	25 T	25 T
26 T	26 F	26 F
27 W	27 S	27 S
28 T	28 S	28 S
29 F		29 M
30 S		30 T
31 S		31 W

PLANNER 2021

APRIL

1 T
2 F
3 S
4 S
5 M
6 T
7 W
8 T
9 F
10 S
11 S
12 M
13 T
14 W
15 T
16 F
17 S
18 S
19 M
20 T
21 W
22 T
23 F
24 S
25 S
26 M
27 T
28 W
29 T
30 F

MAY

1 S
2 S
3 M
4 T
5 W
6 T
7 F
8 S
9 S
10 M
11 T
12 W
13 T
14 F
15 S
16 S
17 M
18 T
19 W
20 T
21 F
22 S
23 S
24 M
25 T
26 W
27 T
28 F
29 S
30 S
31 M

JUNE

1 T
2 W
3 T
4 F
5 S
6 S
7 M
8 T
9 W
10 T
11 F
12 S
13 S
14 M
15 T
16 W
17 T
18 F
19 S
20 S
21 M
22 T
23 W
24 T
25 F
26 S
27 S
28 M
29 T
30 W

PLANNER 2021

JULY	AUGUST	SEPTEMBER
1 T	1 S	1 W
2 F	2 M	2 T
3 S	3 T	3 F
4 S	4 W	4 S
5 M	5 T	5 S
6 T	6 F	6 M
7 W	7 S	7 T
8 T	8 S	8 W
9 F	9 M	9 T
10 S	10 T	10 F
11 S	11 W	11 S
12 M	12 T	12 S
13 T	13 F	13 M
14 W	14 S	14 T
15 T	15 S	15 W
16 F	16 M	16 T
17 S	17 T	17 F
18 S	18 W	18 S
19 M	19 T	19 S
20 T	20 F	20 M
21 W	21 S	21 T
22 T	22 S	22 W
23 F	23 M	23 T
24 S	24 T	24 F
25 S	25 W	25 S
26 M	26 T	26 S
27 T	27 F	27 M
28 W	28 S	28 T
29 T	29 S	29 W
30 F	30 M	30 T
31 S	31 T	

PLANNER 2021

OCTOBER	NOVEMBER	DECEMBER
1 F	1 M	1 W
2 S	2 T	2 T
3 S	3 W	3 F
4 M	4 T	4 S
5 T	5 F	5 S
6 W	6 S	6 M
7 T	7 S	7 T
8 F	8 M	8 W
9 S	9 T	9 T
10 S	10 W	10 F
11 M	11 T	11 S
12 T	12 F	12 S
13 W	13 S	13 M
14 T	14 S	14 T
15 F	15 M	15 W
16 S	16 T	16 T
17 S	17 W	17 F
18 M	18 T	18 S
19 T	19 F	19 S
20 W	20 S	20 M
21 T	21 S	21 T
22 F	22 M	22 W
23 S	23 T	23 T
24 S	24 W	24 F
25 M	25 T	25 S
26 T	26 F	26 S
27 W	27 S	27 M
28 T	28 S	28 T
29 F	29 M	29 W
30 S	30 T	30 T
31 S		31 F

DECEMBER 2020

WEEK 53

28 Monday — Boxing Day Bank Holiday (UK)

29 Tuesday

30 Wednesday

31 Thursday — New Year's Eve

JANUARY 2021

Friday 1

New Year's Day

Saturday 2

Sunday 3

NOTES

W T F S S M T W T F S S M T W T F S S M T W T F S S M T W T F
16 17 18 19 20 21 22 23 24 25 26 27 28 29 30 31 | 1 2 3 4 5 6 7 8 9 10 11 12 13 14 15

JANUARY 2021

WEEK 1

4 Monday Bank Holiday (Scotland)

5 Tuesday

6 Wednesday

7 Thursday

JANUARY 2021

David Bowie's Birthday
The album BLACKSTAR released 2016

Friday 8

Saturday 9

Sunday 10

NOTES

F	S	S	M	T	W	T	F	S	S	M	T	W	T	F	S	S	M	T	W	T	F	S	S	M	T	W	T	F	S	S
1	2	3	4	5	6	7	8	9	10	11	12	13	14	15	16	17	18	19	20	21	22	23	24	25	26	27	28	29	30	31

JANUARY 2021

WEEK 2

11 Monday

12 Tuesday

13 Wednesday

14 Thursday

The album LOW released 1977

JANUARY 2021

Friday 15

Saturday 16

Sunday 17

NOTES

```
F S S M T W T F S S M T W T F S S M T W T F S S M T W T F S S
1 2 3 4 5 6 7 8 9 10 11 12 13 14 15 16 17 18 19 20 21 22 23 24 25 26 27 28 29 30 31
```

JANUARY 2021

WEEK 3

18 Monday

19 Tuesday

20 Wednesday

21 Thursday

JANUARY 2021

Friday 22

Saturday 23

The album STATION TO STATION released 1976

Sunday 24

NOTES

F S S M T W T F S S M T W T F S S M T W T F S S M T W T F S S
1 2 3 4 5 6 7 8 9 10 11 12 13 14 15 16 17 18 19 20 21 22 23 24 25 26 27 28 29 30 31

JANUARY 2021

WEEK 4

25 Monday

26 Tuesday

27 Wednesday

28 Thursday

JANUARY 2021

Friday 29

Saturday 30

Sunday 31

NOTES

Bowie

FEBRUARY 2021

WEEK 5

1 Monday

2 Tuesday

3 Wednesday   The album EARTHLING released 1997

4 Thursday

FEBRUARY 2021

Friday 5

Saturday 6

Sunday 7

NOTES

M T W T F S S M T W T F S S M T W T F S S M T W T F S S
1 2 3 4 5 6 7 8 9 10 11 12 13 14 15 16 17 18 19 20 21 22 23 24 25 26 27 28

FEBRUARY 2021

WEEK 6

8 Monday

9 Tuesday

10 Wednesday

11 Thursday

FEBRUARY 2021

Friday 12

Chinese New Year (Ox)

Saturday 13

Sunday 14

St. Valentine's Day

NOTES

Bowie™

M	T	W	T	F	S	S	M	T	W	T	F	S	S	M	T	W	T	F	S	S	M	T	W	T	F	S	S
1	2	3	4	5	6	7	8	9	10	11	12	13	14	15	16	17	18	19	20	21	22	23	24	25	26	27	28

FEBRUARY 2021

WEEK 7

15 Monday

16 Tuesday
Shrove Tuesday

17 Wednesday

18 Thursday

FEBRUARY 2021

Friday 19

Saturday 20

Sunday 21

NOTES

Bowie™

M T W T F S S M T W T F S S M T W T F S S M T W T F S S
1 2 3 4 5 6 7 8 9 10 11 12 13 14 15 16 17 18 19 20 21 22 23 24 25 26 27 28

FEBRUARY 2021

WEEK 8

22 Monday

23 Tuesday

24 Wednesday

25 Thursday

FEBRUARY 2021

Friday 26

Saturday 27

Sunday 28

NOTES

M T W T F S S M T W T F S S M T W T F S S M T W T F S S
1 2 3 4 5 6 7 8 9 10 11 12 13 14 15 16 17 18 19 20 21 22 23 24 25 26 27 28

MARCH 2021

WEEK 9

1 Monday — St. David's Day (Wales)

2 Tuesday

3 Wednesday

4 Thursday — World Book Day

MARCH 2021

Friday 5

Saturday 6

The album YOUNG AMERICANS released 1975 — **Sunday 7**

NOTES

M T W T F S S M T W T F S S M T W T F S S M T W T F S S M T W
1 2 3 4 5 6 7 8 9 10 11 12 13 14 15 16 17 18 19 20 21 22 23 24 25 26 27 28 29 30 31

MARCH 2021

WEEK 10

8 Monday   The album THE NEXT DAY released 2013

9 Tuesday

10 Wednesday

11 Thursday

MARCH 2021

Friday 12

Saturday 13

Mothering Sunday   **Sunday 14**

NOTES

M T W T F S S M T W T F S S M T W T F S S M T W T F S S M T W
1 2 3 4 5 6 7 8 9 10 11 12 13 14 15 16 17 18 19 20 21 22 23 24 25 26 27 28 29 30 31

MARCH 2021

WEEK 11

15 Monday

16 Tuesday

17 Wednesday
St. Patrick's Day

18 Thursday

MARCH 2021

Friday 19

Saturday 20

Sunday 21

NOTES

M T W T F S S M T W T F S S M T W T F S S M T W T F S S M T W
1 2 3 4 5 6 7 8 9 10 11 12 13 14 15 16 17 18 19 20 21 22 23 24 25 26 27 28 29 30 31

MARCH 2021　　　　　　　　　　　　　　　　　　　　WEEK 12

22 Monday

23 Tuesday

24 Wednesday

25 Thursday

MARCH 2021

Friday 26

Saturday 27

Passover Begins / Daylight Saving Time Starts **Sunday 28**

NOTES

M T W T F S S M T W T F S S M T W T F S S M T W T F S S M T W
1 2 3 4 5 6 7 8 9 10 11 12 13 14 15 16 17 18 19 20 21 22 23 24 25 26 27 28 29 30 31

DAVID BOWIE

MARCH/APRIL 2021

WEEK 13

29 Monday

30 Tuesday

31 Wednesday

1 Thursday

APRIL 2021

Good Friday (UK) — **Friday 2**

Saturday 3

Easter Sunday — **Sunday 4**

NOTES

T	W	T	F	S	S	M	T	W	T	F	S	S	M	T	W	T	F	S	S	M	T	W	T	F	S	S	M	T	W	T
16	17	18	19	20	21	22	23	24	25	26	27	28	29	30	31	1	2	3	4	5	6	7	8	9	10	11	12	13	14	15

APRIL 2021

WEEK 14

5 Monday

Easter Monday
The album BLACK TIE WHITE NOISE released 1993

6 Tuesday

7 Wednesday

8 Thursday

APRIL 2021

Friday 9

Saturday 10

Sunday 11

NOTES

T F S S M T W T F S S M T W T F S S M T W T F S S M T W T F
1 2 3 4 5 6 7 8 9 10 11 12 13 14 15 16 17 18 19 20 21 22 23 24 25 26 27 28 29 30

APRIL 2021

WEEK 15

12 Monday

13 Tuesday

Ramadan Starts
The album ALADDIN SANE released 1973

14 Wednesday

The album LET'S DANCE released 1983

15 Thursday

APRIL 2021

Friday 16

Saturday 17

Sunday 18

NOTES

T F S S M T W T F S S M T W T F S S M T W T F S S M T W T F
1 2 3 4 5 6 7 8 9 10 11 12 13 14 15 16 17 18 19 20 21 22 23 24 25 26 27 28 29 30

APRIL 2021

WEEK 16

19 Monday

20 Tuesday

21 Wednesday

22 Thursday

APRIL 2021

St. George's Day **Friday 23**

Saturday 24

Sunday 25

NOTES

Bowie™

T	F	S	S	M	T	W	T	F	S	S	M	T	W	T	F	S	S	M	T	W	T	F	S	S	M	T	W	T	F
1	2	3	4	5	6	7	8	9	10	11	12	13	14	15	16	17	18	19	20	21	22	23	24	25	26	27	28	29	30

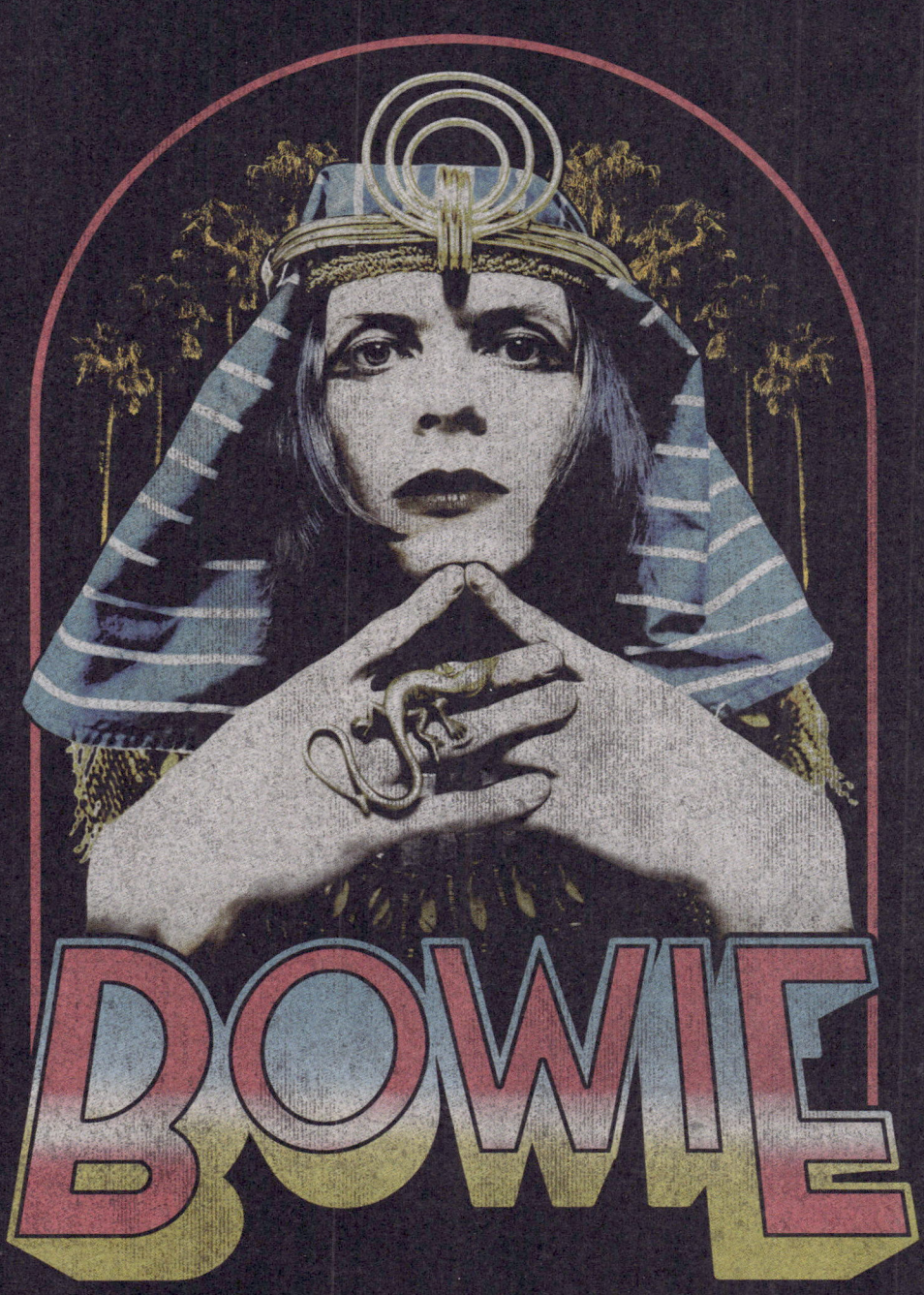

APRIL 2021　　　　　　　　　　　　　　　　　　　　WEEK 17

26 Monday

27 Tuesday

28 Wednesday

29 Thursday

APRIL/MAY 2021

Friday 30

Saturday 1

Sunday 2

NOTES

F	S	S	M	T	W	T	F	S	S	M	T	W	T	F	S	S	M	T	W	T	F	S	S	M	T	W	T	F	S
16	17	18	19	20	21	22	23	24	25	26	27	28	29	30	1	2	3	4	5	6	7	8	9	10	11	12	13	14	15

MAY 2021

WEEK 18

3 Monday
Early May Bank Holiday

4 Tuesday

5 Wednesday

6 Thursday

MAY 2021

Friday 7

Saturday 8

Sunday 9

NOTES

Bowie™

S S M T W T F S S M T W T F S S M T W T F S S M T W T F S S M
1 2 3 4 5 6 7 8 9 10 11 12 13 14 15 16 17 18 19 20 21 22 23 24 25 26 27 28 29 30 31

MAY 2021

WEEK 19

10 Monday

11 Tuesday

12 Wednesday

13 Thursday

MAY 2021

Friday 14

Saturday 15

Sunday 16

NOTES

Bowie™

S	M	T	W	T	F	S	S	M	T	W	T	F	S	S	M	T	W	T	F	S	S	M	T	W	T	F	S	S	M
1	2	3	4	5	6	7	8	9	10	11	12	13	14	15	16	17	18	19	20	21	22	23	24	25	26	27	28	29	30	31

MAY 2021

WEEK 20

17 Monday

18 Tuesday
The album LODGER released 1979

19 Wednesday

20 Thursday

MAY 2021

Friday 21

Saturday 22
The album TIN MACHINE released 1989

Sunday 23

NOTES

Bowie™

S S M T W T F S S M T W T F S S M T W T F S S M T W T F S S M
1 2 3 4 5 6 7 8 9 10 11 12 13 14 15 16 17 18 19 20 21 22 23 24 25 26 27 28 29 30 31

MAY 2021　　　　　　　　　　　　　　　　　　　　　WEEK 21

24 Monday　　　　　　　　　　　The album DIAMOND DOGS released 1974

25 Tuesday

26 Wednesday

27 Thursday

MAY 2021

Friday 28

Saturday 29

Sunday 30

NOTES

Bowie™

S M T W T F S S M T W T F S S M T W T F S S M T W T F S S M
1 2 3 4 5 6 7 8 9 10 11 12 13 14 15 16 17 18 19 20 21 22 23 24 25 26 27 28 29 30 31

JUNE

MAY/JUNE 2021

WEEK 22

31 Monday — Spring Bank Holiday

1 Tuesday — The album DAVID BOWIE released 1967

2 Wednesday

3 Thursday

JUNE 2021

Friday 4

Saturday 5

Sunday 6

NOTES

S M T W T F S S M T W T F S S M | T W T F S S M T W T F S S M T
16 17 18 19 20 21 22 23 24 25 26 27 28 29 30 31 | 1 2 3 4 5 6 7 8 9 10 11 12 13 14 15

JUNE 2021

WEEK 23

7 Monday

8 Tuesday

9 Wednesday

10 Thursday

JUNE 2021

The album HEATHEN released 2002

Friday 11

Saturday 12

Sunday 13

NOTES

T W T F S S M T W T F S S M T W T F S S M T W T F S S M T W
1 2 3 4 5 6 7 8 9 10 11 12 13 14 15 16 17 18 19 20 21 22 23 24 25 26 27 28 29 30

JUNE 2021

WEEK 24

14 Monday

15 Tuesday

16 Wednesday

The album THE RISE AND FALL OF ZIGGY STARDUST AND THE SPIDERS FROM MARS released 1972

17 Thursday

JUNE 2021

Friday 18

Saturday 19

Father's Day — **Sunday 20**

NOTES

Bowie™

T	W	T	F	S	S	M	T	W	T	F	S	S	M	T	W	T	F	S	S	M	T	W	T	F	S	S	M	T	W
1	2	3	4	5	6	7	8	9	10	11	12	13	14	15	16	17	18	19	20	21	22	23	24	25	26	27	28	29	30

JUNE 2021

WEEK 25

21 Monday

22 Tuesday

23 Wednesday

24 Thursday

JUNE 2021

Friday 25

Saturday 26

Sunday 27

NOTES

Bowie

T	W	T	F	S	S	M	T	W	T	F	S	S	M	T	W	T	F	S	S	M	T	W	T	F	S	S	M	T	W
1	2	3	4	5	6	7	8	9	10	11	12	13	14	15	16	17	18	19	20	21	22	23	24	25	26	27	28	29	30

JULY

JUNE/JULY 2021

WEEK 26

28 Monday

29 Tuesday

30 Wednesday

1 Thursday

JULY 2021

Friday 2

Saturday 3

Sunday 4

NOTES

Bowie™

W	T	F	S	S	M	T	W	T	F	S	S	M	T	W	T	F	S	S	M	T	W	T	F	S	S	M	T	W	T
16	17	18	19	20	21	22	23	24	25	26	27	28	29	30	1	2	3	4	5	6	7	8	9	10	11	12	13	14	15

JULY 2021

WEEK 27

5 Monday

6 Tuesday

7 Wednesday

8 Thursday

JULY 2021

Friday 9

Saturday 10

Sunday 11

NOTES

T F S S M T W T F S S M T W T F S S M T W T F S S M T W T F S
1 2 3 4 5 6 7 8 9 10 11 12 13 14 15 16 17 18 19 20 21 22 23 24 25 26 27 28 29 30 31

JULY 2021

WEEK 28

12 Monday

Battle of the Boyne (Northern Ireland)

13 Tuesday

14 Wednesday

15 Thursday

JULY 2021

Friday 16

Saturday 17

Sunday 18

NOTES

Bowie™

T F S S M T W T F S S M T W T F S S M T W T F S S M T W T F S
1 2 3 4 5 6 7 8 9 10 11 12 13 14 15 16 17 18 19 20 21 22 23 24 25 26 27 28 29 30 31

JULY 2021

WEEK 29

19 Monday

20 Tuesday

21 Wednesday

22 Thursday

JULY 2021

Friday 23

Saturday 24

Sunday 25

NOTES

Bowie™

T F S S M T W T F S S M T W T F S S M T W T F S S M T W T F S
1 2 3 4 5 6 7 8 9 10 11 12 13 14 15 16 17 18 19 20 21 22 23 24 25 26 27 28 29 30 31

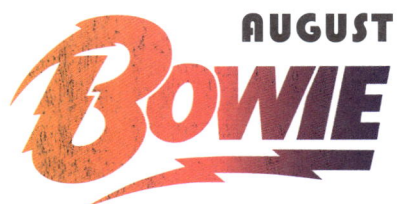

AUGUST

david bowie

Side 1
SPACE ODDITY
MOONAGE DAYDREAM

Side 2
LIFE ON MARS
IT AIN'T EASY

© 2020 The David Bowie Archive ® Under license to Perryscope Productions LLC/Epic Rights. Photo by Brian Ward.

JULY 2021 — WEEK 30

26 Monday

27 Tuesday

28 Wednesday

29 Thursday

JULY/AUGUST 2021

Friday 30

Saturday 31

Sunday 1

NOTES

Bowie™

F	S	S	M	T	W	T	F	S	S	M	T	W	T	F	S	S	M	T	W	T	F	S	S	M	T	W	T	F	S	S
16	17	18	19	20	21	22	23	24	25	26	27	28	29	30	31	1	2	3	4	5	6	7	8	9	10	11	12	13	14	15

AUGUST 2021

WEEK 31

2 Monday — Summer Bank Holiday (Scotland)

3 Tuesday

4 Wednesday

5 Thursday

AUGUST 2021

Friday 6

Saturday 7

Sunday 8

NOTES

Bowie™

S	M	T	W	T	F	S	S	M	T	W	T	F	S	S	M	T	W	T	F	S	S	M	T	W	T	F	S	S	M	T
1	2	3	4	5	6	7	8	9	10	11	12	13	14	15	16	17	18	19	20	21	22	23	24	25	26	27	28	29	30	31

AUGUST 2021

WEEK 32

9 Monday

10 Tuesday
Islamic New Year

11 Wednesday

12 Thursday

AUGUST 2021

Friday 13

Saturday 14

Sunday 15

NOTES

Bowie™

S M T W T F S S M T W T F S S M T W T F S S M T W T F S S M T
1 2 3 4 5 6 7 8 9 10 11 12 13 14 15 16 17 18 19 20 21 22 23 24 25 26 27 28 29 30 31

AUGUST 2021

WEEK 33

16 Monday

17 Tuesday

18 Wednesday

19 Thursday

AUGUST 2021

Friday 20

Saturday 21

Sunday 22

NOTES

Bowie™

S M T W T F S S M T W T F S S M T W T F S S M T W T F S S M T
1 2 3 4 5 6 7 8 9 10 11 12 13 14 15 16 17 18 19 20 21 22 23 24 25 26 27 28 29 30 31

AUGUST 2021

WEEK 34

23 Monday

24 Tuesday

25 Wednesday

26 Thursday

AUGUST 2021

Friday 27

Saturday 28

Sunday 29

A

NOTES

Bowie™

S M T W T F S S M T W T F S S M T W T F S S M T W T F S S M T
1 2 3 4 5 6 7 8 9 10 11 12 13 14 15 16 17 18 19 20 21 22 23 24 25 26 27 28 29 30 31

SEPTEMBER

REBEL REBEL

Bowie

© 2020 The David Bowie Archive ® Under license to Perryscope Productions LLC/Epic Rights.

AUGUST/SEPTEMBER 2021

WEEK 35

30 *Monday* — Summer Bank Holiday (ENG, NIR, WAL)

31 *Tuesday*

1 *Wednesday* — The album TONIGHT released 1984

2 *Thursday* — The album TIN MACHINE II released 1991

SEPTEMBER 2021

Friday 3

Saturday 4

Sunday 5

NOTES

Bowie™

M T W T F S S M T W T F S S M T W T F S S M T W T F S S M T W
16 17 18 19 20 21 22 23 24 25 26 27 28 29 30 31 | 1 2 3 4 5 6 7 8 9 10 11 12 13 14 15

SEPTEMBER 2021

WEEK 36

6 Monday
Rosh Hashanah (Jewish New Year) Begins

7 Tuesday

8 Wednesday

9 Thursday

SEPTEMBER 2021

Friday 10

Saturday 11

The album SCARY MONSTERS...AND SUPER CREEPS released 1980

Sunday 12

NOTES

| W | T | F | S | S | M | T | W | T | F | S | S | M | T | W | T | F | S | S | M | T | W | T | F | S | S | M | T | W | T |
| 1 | 2 | 3 | 4 | 5 | 6 | 7 | 8 | 9 | 10 | 11 | 12 | 13 | 14 | 15 | 16 | 17 | 18 | 19 | 20 | 21 | 22 | 23 | 24 | 25 | 26 | 27 | 28 | 29 | 30 |

SEPTEMBER 2021

WEEK 37

13 Monday

14 Tuesday

15 Wednesday

Yom Kippur (Day of Atonement) Begins
The album REALITY released 2003

16 Thursday

The album 1. OUTSIDE released 1995

SEPTEMBER 2021

Friday 17

Saturday 18

Sunday 19

NOTES

Bowie

W T F S S M T W T F S S M T W T F S S M T W T F S S M T W T
1 2 3 4 5 6 7 8 9 10 11 12 13 14 15 16 17 18 19 20 21 22 23 24 25 26 27 28 29 30

SEPTEMBER 2021

WEEK 38

20 Monday

---

21 Tuesday

The United Nations International Day of Peace

---

22 Wednesday

---

23 Thursday

SEPTEMBER 2021

Friday 24

Saturday 25

Sunday 26

NOTES

Bowie

W T F S S M T W T F S S M T W T F S S M T W T F S S M T W T
1 2 3 4 5 6 7 8 9 10 11 12 13 14 15 16 17 18 19 20 21 22 23 24 25 26 27 28 29 30

SEPTEMBER 2021

WEEK 39

27 Monday

28 Tuesday

29 Wednesday

30 Thursday

OCTOBER 2021

Friday 1

Saturday 2

Sunday 3

NOTES

T F S S M T W T F S S M T W T | F S S M T W T F S S M T W T F
16 17 18 19 20 21 22 23 24 25 26 27 28 29 30 | 1 2 3 4 5 6 7 8 9 10 11 12 13 14 15

OCTOBER 2021

WEEK 40

4 Monday   The album HOURS... released 1999

5 Tuesday

6 Wednesday

7 Thursday

OCTOBER 2021

Friday 8

Saturday 9

World Mental Health Day ### Sunday 10

NOTES

F	S	S	M	T	W	T	F	S	S	M	T	W	T	F	S	S	M	T	W	T	F	S	S	M	T	W	T	F	S	S
1	2	3	4	5	6	7	8	9	10	11	12	13	14	15	16	17	18	19	20	21	22	23	24	25	26	27	28	29	30	31

OCTOBER 2021

WEEK 41

11 Monday

12 Tuesday

13 Wednesday

14 Thursday

The album HEROES released 1977

OCTOBER 2021

Friday 15

Saturday 16

Sunday 17

NOTES

Bowie

F S S M T W T F S S M T W T F S S M T W T F S S M T W T F S S
1 2 3 4 5 6 7 8 9 10 11 12 13 14 15 16 17 18 19 20 21 22 23 24 25 26 27 28 29 30 31

OCTOBER 2021

WEEK 42

18 Monday

19 Tuesday

The album PIN UPS released 1973

20 Wednesday

21 Thursday

OCTOBER 2021

Friday 22

Saturday 23

Sunday 24

NOTES

Bowie™

F S S M T W T F S S M T W T F S S M T W T F S S M T W T F S S
1 2 3 4 5 6 7 8 9 10 11 12 13 14 15 16 17 18 19 20 21 22 23 24 25 26 27 28 29 30 31

OCTOBER 2021

WEEK 43

25 Monday

26 Tuesday

27 Wednesday

28 Thursday

OCTOBER 2021

Friday 29

Saturday 30

Daylight Saving Time Ends / Halloween **Sunday 31**

NOTES

Bowie™

F	S	S	M	T	W	T	F	S	S	M	T	W	T	F	S	S	M	T	W	T	F	S	S	M	T	W	T	F	S	S
1	2	3	4	5	6	7	8	9	10	11	12	13	14	15	16	17	18	19	20	21	22	23	24	25	26	27	28	29	30	31

NOVEMBER 2021

WEEK 44

1 Monday

2 Tuesday

3 Wednesday

4 Thursday

Diwali
The album THE MAN WHO SOLD THE WORLD released 1970

NOVEMBER 2021

Friday 5

Guy Fawkes Night

Saturday 6

Sunday 7

NOTES

M T W T F S S M T W T F S S M T W T F S S M T W T F S S M T
1 2 3 4 5 6 7 8 9 10 11 12 13 14 15 16 17 18 19 20 21 22 23 24 25 26 27 28 29 30

NOVEMBER 2021

WEEK 45

8 Monday

9 Tuesday

10 Wednesday

11 Thursday

NOVEMBER 2021

Friday 12

Saturday 13

Sunday 14
Remembrance Sunday
The album DAVID BOWIE aka SPACE ODDITY released 1969

NOTES

M T W T F S S M T W T F S S M T W T F S S M T W T F S S M T
1 2 3 4 5 6 7 8 9 10 11 12 13 14 15 16 17 18 19 20 21 22 23 24 25 26 27 28 29 30

NOVEMBER 2021

WEEK 46

15 Monday

16 Tuesday

17 Wednesday

18 Thursday

NOVEMBER 2021

Friday 19

Saturday 20

Sunday 21

NOTES

M T W T F S S M T W T F S S M T W T F S S M T W T F S S M T
1 2 3 4 5 6 7 8 9 10 11 12 13 14 15 16 17 18 19 20 21 22 23 24 25 26 27 28 29 30

NOVEMBER 2021

WEEK 47

22 Monday

23 Tuesday

24 Wednesday

25 Thursday

NOVEMBER 2021

Friday 26

Saturday 27

Sunday 28

NOTES

Bowie™

M T W T F S S M T W T F S S M T W T F S S M T W T F S S M T
1 2 3 4 5 6 7 8 9 10 11 12 13 14 15 16 17 18 19 20 21 22 23 24 25 26 27 28 29 30

NOVEMBER/DECEMBER 2021

WEEK 48

29 Monday

30 Tuesday
St. Andrew's Day (Scotland)

1 Wednesday

2 Thursday

DECEMBER 2021

Friday 3

Saturday 4

Sunday 5

NOTES

DECEMBER 2021

WEEK 49

6 Monday

7 Tuesday

8 Wednesday

9 Thursday

DECEMBER 2021

Friday 10

Saturday 11

Sunday 12

NOTES

W T F S S M T W T F S S M T W T F S S M T W T F S S M T W T F
1 2 3 4 5 6 7 8 9 10 11 12 13 14 15 16 17 18 19 20 21 22 23 24 25 26 27 28 29 30 31

DECEMBER 2021

WEEK 50

13 Monday

14 Tuesday

15 Wednesday

16 Thursday

DECEMBER 2021

Friday 17

The album HUNKY DORY released 1971

Saturday 18

Sunday 19

NOTES

Bowie

W T F S S M T W T F S S M T W T F S S M T W T F S S M T W T F
1 2 3 4 5 6 7 8 9 10 11 12 13 14 15 16 17 18 19 20 21 22 23 24 25 26 27 28 29 30 31

DECEMBER 2021

WEEK 51

20 *Monday*

21 *Tuesday*

22 *Wednesday*

23 *Thursday*

DECEMBER 2021

Friday 24

Saturday 25
Christmas Day

Sunday 26
Boxing Day

NOTES

Bowie

W T F S S M T W T F S S M T W T F S S M T W T F S S M T W T F
1 2 3 4 5 6 7 8 9 10 11 12 13 14 15 16 17 18 19 20 21 22 23 24 25 26 27 28 29 30 31

DECEMBER 2021

WEEK 52

27 *Monday* — Bank Holiday

28 *Tuesday* — Bank Holiday

29 *Wednesday*

30 *Thursday*

DECEMBER 2021/JANUARY 2022

Friday 31

New Year's Eve

Saturday 1

New Year's Day

Sunday 2

NOTES

```
 T  F  S  S  M  T  W  T  F  S  S  M  T  W  T  F | S  S  M  T  W  T  F  S  S  M  T  W  T  F  S
16 17 18 19 20 21 22 23 24 25 26 27 28 29 30 31 | 1  2  3  4  5  6  7  8  9 10 11 12 13 14 15
```

PLANNER 2022

JANUARY	FEBRUARY	MARCH
1 S	1 T	1 T
2 S	2 W	2 W
3 M	3 T	3 T
4 T	4 F	4 F
5 W	5 S	5 S
6 T	6 S	6 S
7 F	7 M	7 M
8 S	8 T	8 T
9 S	9 W	9 W
10 M	10 T	10 T
11 T	11 F	11 F
12 W	12 S	12 S
13 T	13 S	13 S
14 F	14 M	14 M
15 S	15 T	15 T
16 S	16 W	16 W
17 M	17 T	17 T
18 T	18 F	18 F
19 W	19 S	19 S
20 T	20 S	20 S
21 F	21 M	21 M
22 S	22 T	22 T
23 S	23 W	23 W
24 M	24 T	24 T
25 T	25 F	25 F
26 W	26 S	26 S
27 T	27 S	27 S
28 F	28 M	28 M
29 S		29 T
30 S		30 W
31 M		31 T

PLANNER 2022

APRIL

1	F
2	S
3	S
4	M
5	T
6	W
7	T
8	F
9	S
10	S
11	M
12	T
13	W
14	T
15	F
16	S
17	S
18	M
19	T
20	W
21	T
22	F
23	S
24	S
25	M
26	T
27	W
28	T
29	F
30	S

MAY

1	S
2	M
3	T
4	W
5	T
6	F
7	S
8	S
9	M
10	T
11	W
12	T
13	F
14	S
15	S
16	M
17	T
18	W
19	T
20	F
21	S
22	S
23	M
24	T
25	W
26	T
27	F
28	S
29	S
30	M
31	T

JUNE

1	W
2	T
3	F
4	S
5	S
6	M
7	T
8	W
9	T
10	F
11	S
12	S
13	M
14	T
15	W
16	T
17	F
18	S
19	S
20	M
21	T
22	W
23	T
24	F
25	S
26	S
27	M
28	T
29	W
30	T

PLANNER 2022

JULY	AUGUST	SEPTEMBER
1 F	1 M	1 T
2 S	2 T	2 F
3 S	3 W	3 S
4 M	4 T	4 S
5 T	5 F	5 M
6 W	6 S	6 T
7 T	7 S	7 W
8 F	8 M	8 T
9 S	9 T	9 F
10 S	10 W	10 S
11 M	11 T	11 S
12 T	12 F	12 M
13 W	13 S	13 T
14 T	14 S	14 W
15 F	15 M	15 T
16 S	16 T	16 F
17 S	17 W	17 S
18 M	18 T	18 S
19 T	19 F	19 M
20 W	20 S	20 T
21 T	21 S	21 W
22 F	22 M	22 T
23 S	23 T	23 F
24 S	24 W	24 S
25 M	25 T	25 S
26 T	26 F	26 M
27 W	27 S	27 T
28 T	28 S	28 W
29 F	29 M	29 T
30 S	30 T	30 F
31 S	31 W	

PLANNER 2022

OCTOBER

1 S
2 S
3 M
4 T
5 W
6 T
7 F
8 S
9 S
10 M
11 T
12 W
13 T
14 F
15 S
16 S
17 M
18 T
19 W
20 T
21 F
22 S
23 S
24 M
25 T
26 W
27 T
28 F
29 S
30 S
31 M

NOVEMBER

1 T
2 W
3 T
4 F
5 S
6 S
7 M
8 T
9 W
10 T
11 F
12 S
13 S
14 M
15 T
16 W
17 T
18 F
19 S
20 S
21 M
22 T
23 W
24 T
25 F
26 S
27 S
28 M
29 T
30 W

DECEMBER

1 T
2 F
3 S
4 S
5 M
6 T
7 W
8 T
9 F
10 S
11 S
12 M
13 T
14 W
15 T
16 F
17 S
18 S
19 M
20 T
21 W
22 T
23 F
24 S
25 S
26 M
27 T
28 W
29 T
30 F
31 S

ADDRESS/PHONE NUMBERS

Name

Address

Telephone   **Mobile**

Email

Name

Address

Telephone   **Mobile**

Email

Name

Address

Telephone   **Mobile**

Email

Name

Address

Telephone   **Mobile**

Email

Name

Address

Telephone   **Mobile**

Email

Name

Address

Telephone   **Mobile**

Email

ADDRESS/PHONE NUMBERS

Name

Address

Telephone   **Mobile**

Email

Name

Address

Telephone   **Mobile**

Email

Name

Address

Telephone   **Mobile**

Email

Name

Address

Telephone   **Mobile**

Email

Name

Address

Telephone   **Mobile**

Email

Name

Address

Telephone   **Mobile**

Email

NOTES

NOTES

NOTES